El barrio chino en la ciudad de Nueva York

por Christine Wolf

Scott Foresman is an imprint of

PEARSON

Glenview, Illinois • Boston, Massachusetts • Chandler, Arizona
Upper Saddle River, New Jersey

Every effort has been made to secure permission and provide appropriate credit for photographic material. The publisher deeply regrets any omission and pledges to correct errors called to its attention in subsequent editions.

Unless otherwise acknowledged, all photographs are the property of Pearson.

Photo locations denoted as follows: Top (T), Center (C), Bottom (B), Left (L), Right (R), Background (Bkgd).

Cover ©Stone/Getty Images; 1 ©Seth Wenig/Stringer/Reuters/Corbis; 3 ©Gail Mooney/Corbis; 4 ©Stone/Getty Images; 5 ©MAPS.com/Corbis; 6 ©Phil Schermeister/Corbis; 7 ©ROB & SAS/Corbis; 9 (TR) ©Tim Pannell/Corbis; 9 (BL) ©Wolfgang Kaehler/Corbis; 10 ©Jerry Arcieri/Corbis; 12 ©Ramin Talaie/Corbis; 13 ©Seth Wenig/Stringer/Reuters/Corbis; 14 ©Phil Schermeister/Corbis; 15 ©Richard T. Nowitz/Corbis.

ISBN 13: 978-0-328-53578-1
ISBN 10:   0-328-53578-8

Copyright © by Pearson Education, Inc., or its affiliates. All rights reserved. Printed in the United States of America. This publication is protected by copyright, and permission should be obtained from the publisher prior to any prohibited reproduction, storage in a retrieval system, or transmission in any form or by any means, electronic, mechanical, photocopying, recording, or likewise. For information regarding permissions, write to Pearson Curriculum Rights & Permissions, One Lake Street, Upper Saddle River, New Jersey 07458.

Pearson® is a trademark, in the U.S. and/or other countries, of Pearson plc or its affiliates.

Scott Foresman® is a trademark, in the U.S. and/or other countries, of Pearson Education, Inc., or its affiliates.

2 3 4 5 6 7 8 9 10 V0N4 13 12 11 10

¿Has estado en China? No tienes que viajar a Asia para ver cómo es. Si visitas el Barrio Chino de la ciudad de Nueva York, verás las vistas y oirás los sonidos de China.

¿Dónde está el Barrio Chino de la ciudad de Nueva York?

En una pequeña área del sur de Manhattan hallarás muchos chinoamericanos. Sus ancestros llegaron a los Estados Unidos desde China. Su barrio en la ciudad de Nueva York es conocido como el Barrio Chino. Las vistas y los sonidos del Barrio Chino hacen que mucha gente olvide que está en una ciudad estadounidense.

Este mapa muestra el Barrio Chino (Chinatown) de la ciudad de Nueva York.

El Barrio Chino ocupa más de dos millas cuadradas de la ciudad de Nueva York. Las calles del Barrio Chino son cortas, tortuosas y **angostas**. Generalmente están llenas de gente que vive ahí y gente que está de visita.

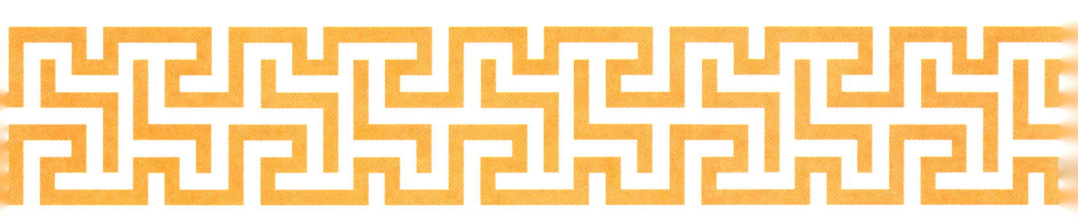

¿Quiénes son las personas que viven ahí?

Algunas de las personas que viven en el Barrio Chino llegaron a los Estados Unidos desde China. Pero otras nacieron acá en los Estados Unidos. De cualquier modo, las personas del Barrio Chino mantienen viva la cultura y la historia de China.

¿Qué sonidos oirás en el Barrio Chino?

Los sonidos de gente que habla chino pueden oírse en todo el Barrio Chino. Algunas personas en el Barrio Chino no hablan inglés. Para ellos las lenguas como el inglés son **extranjeras**. Generalmente los miembros más jóvenes de las familias que saben tanto inglés como chino, ayudan a sus parientes de más edad.

¿Qué tradiciones verás en el Barrio Chino?

Muchas tradiciones chinas son importantes para la gente del Barrio Chino. Éstas son algunas.

TRADICIÓN	RAZÓN PARA HACERLO
Inclinarse ante los mayores.	Mostrar respeto.
Trabajar duro.	Honrar y apoyar a la familia.
Practicar *Tai Chi*.	Ejercitar la mente y el cuerpo.

Algunos residentes ancianos del Barrio Chino están decepcionados con la generación más joven. Ven que importantes tradiciones chinas están desapareciendo. Por ejemplo, en la actualidad mucha gente joven del Barrio Chino no inclina la cabeza para mostrar respeto a las personas mayores.

Los ciudadanos mayores del Barrio Chino a veces piensan que los más jóvenes son necios. Desearían que los jóvenes continuaran practicando las tradiciones chinas.

9

¿Cómo se mantienen vivas las tradiciones chinas?

Cocinar platos chinos tradicionales es una forma de mantener vivas la historia y la cultura de China. En el Barrio Chino de la ciudad de Nueva York los mercados callejeros están llenos de cosas para elegir, como frutas, pescado o productos de **bambú**. Es lo mismo que en China.

El Festival de la Luna es un día feriado chino de agradecimiento. Es similar a nuestro Día de Acción de Gracias. Una delicia que se sirve en el Festival de la Luna son los pasteles de la luna. Se hacen con una ==receta== sencilla de harina, leche, azúcar y huevos. Luego se decoran de muchas maneras creativas.

Otra tradición china es celebrar el Año Nuevo Chino. Este día feriado es en enero o febrero, según el año. Lo que es seguro es que siempre hace **frío**.

La celebración del Año Nuevo Chino es muy emocionante y atrae a mucha gente. Hay desfiles, carrozas, artistas callejeros y fuegos artificiales. Los niños reciben regalos en dinero dentro de pequeños sobres rojos. Tambores, campanas y grandes multitudes llenan el aire de sonidos.

Para evitar las multitudes, hay gente que, como las aves, **se posa** en lugares elevados para mirar las celebraciones. Desde ahí tienen una "vista de pájaro" de todo lo que sucede.

El Barrio Chino está lleno de sonidos, vistas y olores pintorescos como en ningún otro barrio de la ciudad de Nueva York, ¡y como en ningún otro lugar del mundo!

15

Glosario

angostas *adj.* Que tienen un ancho reducido; no muy ancho.

bambú *s. m.* Planta de la cual se hacen muchos productos, como muebles o instrumentos.

extranjeras *adj.* De un país diferente al de uno mismo.

frío *adj.* De baja temperatura.

inclina *v.* Baja el tronco y la cabeza hacia delante.

receta *s. f.* Instrucciones para la preparación de algo para comer.

se posa *v.* Situarse en algún lugar.